suhrkamp taschenbuch 5125

In 99 rasant-komischen Bildern gibt der Großmeister des Minimalismus Nicolas Mahler, der bereits Bernhards *Alte Meister* und *Der Weltverbesserer* »kongenial« adaptiert hat, eine witzig-böse Tour durch das Leben des berühmten Übertreibungskünstlers – vom Aufwachsen ohne Vater über die enge Beziehung zu seinem Großvater Johannes Freumbichler bis zu ersten literarischen Erfolgen und Aufführungen seiner Theaterstücke. Bernhards Preise und Skandale fehlen dabei ebenso wenig wie seine Krankheit, sein Lebensmensch Hedwig Stavianicek oder das Verhältnis zu seinem Verleger Siegfried Unseld – eine Lebensgeschichte in Schlaglichtern, wie sie nur Mahler in Szene setzen kann.

THOMAS BERNHARD wurde am 9. Februar 1931 in Heerlen (Niederlande) geboren, er starb am 12. Februar 1989 in Gmunden (Oberösterreich).

NICOLAS MAHLER, geboren 1969, lebt und arbeitet als Comic-Zeichner und Illustrator in Wien. Für sein umfangreiches Werk wurde er bereits mehrfach prämiert; unter anderem erhielt er 2010 den Max und Moritz-Preis als »Bester deutschsprachiger Comic-Künstler«, 2015 den Preis der Literaturhäuser und 2019 den Sondermann-Preis. Zuletzt erschienen u. a.: *James Joyce. Ulysses*. Neu übersetzt, stark gekürzt, erweitert und gezeichnet von Mahler (st 5006), *Auf der Suche nach der verlorenen Zeit*. Nach Marcel Proust (st 4808), *Gedichte*. Mit einem Nachwort von Raimund Fellinger (Insel-Bücherei 1385).

Mahler

THOMAS BERNHARD

Die unkorrekte Biografie

Suhrkamp

3. Auflage 2021

Erste Auflage 2021
suhrkamp taschenbuch 5125
Originalausgabe

Umschlag und Umschlagzeichnung: Nicolas Mahler
Druck und Bindung: CPI books GmbH, Leck
Printed in Germany
ISBN 978-3- 518-47125-8

THOMAS BERNHARD

Die unkorrekte Biografie

Letzten Endes kommt es nur auf den Wahrheitsgehalt der Lüge an.

Der Keller

Am 9. Februar 1931 wird Thomas Bernhard in Heerlen (Niederlande) geboren. Die Nachgeburt hat die Form Österreichs.

In einem Brief beschreibt seine Mutter den Geburtsvorgang: *»Ich hörte ein Klatschen und zugleich ein Stimmchen, und Tomasl ging ins Leben ein.«*

Thomas Bernhard über seine Geburt: *»Ich war nicht dabei, aber ich glaub', sie war völlig normal.«*

Das uneheliche Kind wird die ersten Monate seines Lebens in einem Kinderheim aufbewahrt. Seine Mutter Herta, von Beruf Dienstmädchen, kommt alle vierzehn Tage auf Besuch.

Besuchsdauer: 20 Minuten. Berühren des Kindes verboten, Anschauen erlaubt.

Bei den seltenen Besuchen fühlt sich die Mutter bald vom kleinen Tomasl verspottet. Es scheint, als verlache das Kind ihre Traurigkeit.

»Ich bin eine lustige Person. Da kann man leider nichts ändern, so tragisch alles andere ist.«

Vom abwesenden Vater, einem alkoholkranken Tischler, ist nur eine einzige Fotografie erhalten.

Die Ähnlichkeit ist entsetzlich.

Als die Mutter später doch mit ihrem Tomasl unter einem Dach zusammenlebt, platzt ihr regelmäßig der Kragen.

Bernhard:
»Ich war reizend, mit großen langen Locken, lieb zum Anschauen, angenehme Stimme habe ich gehabt, aber es wird einem nicht vergönnt, im Glück zu leben.«

Um die Mutter zu erschrecken, stellt sich das Kind gerne tot. Es ist seine Rache für die Kälte, Isolation und Finsternis der ersten Jahre.

Die Kindheit ist das finstere Loch, in das man von den Eltern hinuntergestoßen worden ist und aus dem man ohne jede Hilfe wieder herauskommen muß.

Die Volksschulzeit empfindet das Kind als vernichtend. Das Schulkind versagt, das *sogenannte Sitzenbleiben* wird angedroht. Von Mitschülern erntet es Spott, vom Lehrpersonal Verachtung und Wutausbrüche.

Ich war so hilflos, wie ich niemals vorher gewesen war. Zitternd ging ich in die Schule hinein, weinend trat ich wieder heraus.

Schließlich landet das bleiche, blutarme Kind in einem NS-Erziehungsheim. Nicht die besten Voraussetzungen für eine unbeschwerte Schulzeit.

»Ich hab' mir immer vorgestellt, ich möchte im Grund' morgens nimmer aufwachen ... Und es war übel genug, daß ich immer wieder da war.«

Dann ist die Nazizeit zu Ende, das Hitlerbild wird abgehängt und durch etwas anderes ersetzt. Die Umrisse bleiben.

Auch die katholische Kirche wird das Kind ein Leben lang hassen.

Zur wichtigsten Bezugsperson entwickelt sich der Großvater, der erfolglose Schriftsteller Johannes Freumbichler.

Die Großväter sind die Lehrer, die eigentlichen Philosophen jedes Menschen ... Die Großväter erschaffen seit Jahrtausenden den Teufel, wo ohne sie nur der liebe Gott wäre. Durch sie erfahren wir das ganze vollkommene Schauspiel, nicht nur den armseligen verlogenen Rest als Farce.

Freumbichler ist ein Denker ganz nach dem Geschmack des Kindes. Später wird er die Vorlage für die Männerfiguren im Werk des Enkels sein.

1942 notiert Freumbichler in sein Tagebuch:
»Meine Menschenabneigung grenzt an Wahnsinn.«

Und noch ein Spruch von Opa Freumbichler:
»Wer durch diese Welt kommen will, muß sich mit einem Panzer von Rohheit umgeben.«

Das sensible Kind denkt oft an die *Auslöschung seiner Existenz*, ein halbherziger Versuch in der Schuhkammer, sich mit den Hosenträgern aufzuhängen, misslingt.

Nur aus Liebe zum Großvater verfolgt das Kind sein Vorhaben nicht weiter, es bleibt bei *Selbstmordmeditationen*.

»Die Leute vor mir, meine Vorfahren, waren wunderbare Menschen ... Einer ist einmal in einen Lichtschacht gesprungen, der andere hat sich eine Kugel in den Kopf gejagt, der dritte ist mit dem Auto einfach in den Fluß hineingefahren ... Und das Darandenken an alle diese Leute ist so grauenhaft wie angenehm.«

Der Großvater beschließt: Eine *Kunstbeschäftigung* muss her! Er fördert Geigen-, Zeichen- und Malunterricht des Kindes. Nachdem es der eigene Sohn, der Onkel des Kindes, nicht weiter als bis zum Dekorationsmaler geschafft hat, muss der Enkel schaffen, was bislang keinem aus der Familie gelang: Er muss berühmt werden!

Sieht der Großvater beim Spaziergang in Salzburg eines der Werbeschilder seines Dekorationsmalersohnes, bekommt er einen Wutanfall.

Das Kind besucht, zusammen mit Freund Hippinger Hansi, seine allererste Theateraufführung.

Der Seekirchner *Dilettanten- und Theaterverein* zeigt das Stück *Entfremdet und Betrogen. Ein Volksstück in 5 Aufzügen mit Gesang.*
Besonders beeindruckend: eine drastische Auspeitschung.

Als die Szene zuende war, klatschte der ganze Saal, und die Leute schrien vor Begeisterung ... Immerhin, meine allererste Szene auf einer Bühne war eine fürchterliche.

Das Kind schafft es nicht, zum *Schulmechanismus* eine Beziehung aufzubauen. Das Gymnasium hält es für eine katastrophale *Verstümmelungsmaschinerie, eine Geistesvernichtungsanstalt.* Und: *Nur Stumpfsinnige oder Kranke wie Stumpfsinnige* und *Kranke sind Gymnasialprofessoren.*

Sein Widerwille gegen das Lernen, sein Hass gegen alles, *was Disziplinierung und Ordnung war,* zwingt das Kind in die *Gegenrichtung,* in die Kaufmannslehre.

»Wo hundert hinmarschieren, muß der Hundertste halt in die Gegenrichtung. Ohne sich zu fragen, warum.«

Es treibt den Schulabbrecher in einen Keller in der verrufenen Scherzhauserfeldsiedlung, einem Salzburger *Schreckensviertel.* In der Kolonialwarenhandlung von Herrn Podlaha findet er Zuflucht vor der *Geistesvernichtungsanstalt* Gymnasium und vernichtet stattdessen beim Erdäpfelausladen im Schneetreiben seinen Körper.

Was als harmlose Verkühlung beginnt, wird der Beginn einer großen Krankheitsgeschichte.

»Und drei Monate drauf war dann natürlich eine Rippenfellentzündung da und statt der Mehlsäcke wandernde Krankenhausbetten.«

Sein Zustand verschlechtert sich dramatisch, im Sterbezimmer des Landeskrankenhauses Salzburg flattert ein neuer, dunkler Wegbegleiter in sein Leben. Einer, der ihn bis zu seinem Ende nicht mehr verlassen wird.

»Na ja, das Todesvogerl, nicht? Das hat sich da festg'setzt.«

Doch der junge Bernhard ist zäh.

»Gleichzeitig war mein Großvater damals in demselben Spital, und da haben s' net gewußt, stirbt der oder sterb' ich, und da hab' ich dann die Letzte Ölung gekriegt und er nicht, weil s' gedacht ham, ich sterb'. Aber gestorben ist dann er.«

Während endloser Liegekuren nimmt die Transformation vom Tuberkulosekranken zum Geistesmenschen ihren Anfang.

»Ich bin aus reiner Langeweile, weil man einfach nicht ununterbrochen einem *Berg gegenüberliegen kann, ohne irgend etwas zu tun ... auf das Schreiben gekommen.«*

Jahre später hämmert er, um auf die URSACHE zu kommen, mit zwei Fingern seine Kindheits- und Jugendjahre in die vom Großvater geerbte Schreibmaschine.

Mein Großvater, der Dichter, war tot, jetzt durfte ich *schreiben.*

Falls die Zeit fehlt, die 5 Bände seiner *Autobiographie* zu lesen, hier eine Kurzzusammenfassung aus eigener Feder:

Zuerst wie beim Tier animalisch Zeugung, Geburt, dann aus Mangel an eigenem, Gefühlsvernichtung durch die stumpfsinnigen, egoistischen Eltern, Vernichtung der Seele durch die Kirche u. Vernichtung d. Geistes durch die Schule – so steht der völlig zerstörte und vernichtete Mensch dann da.

Doch noch liegt er in der Lungenheilanstalt Grafenhof, und zwar für sehr lange Zeit. Grafenhof wird für ihn zum *Schreckensort*. Die dortigen Ärzte sind *ganz kleine, ausgewachsene Menschen, die man ruhig schwachsinnig nennen kann. Nicht größer als ein Meter vierzig im Durchschnitt, torkeln sie zwischen Mauerritzen und Gängen, im Rausch erzeugt. Alle haben sie da versoffene, bis zum hohen C hinaufgeschliffene Kinderstimmen, mit denen sie, wenn man an ihnen vorbeigeht, in einen hineinstechen. Zustechen.*

Durch eine spektakuläre Flucht beendet er die Behandlung vorzeitig.

Weg von den Ärzten, fort aus Grafenhof!

Die erste Existenz ist abgeschlossen, die zweite beginnt.

Er ist jetzt kein Kind mehr, sondern ein junger Mann mit schlechten Zähnen, unreiner Haut und einer Art *Eraserhead*-Frisur. In Salzburg möchte er Musik studieren, gegen Literatur hat er Einwände.

»Literatur stinkt doch, wenn 's herumsteht, ist doch unmöglich für einen sensiblen *Menschen. Ist alles ein Gestank. Haben Sie das nie gerochen? Völlig unempfindlich? Das ist ein bestialischer Gestank.«*

Also lieber Musik.

Doch wie schon in der Schule mangelt es auch am Mozarteum an Disziplin und Ausdauer.

»Streben ist immer Blödsinn gewesen. Ein Streber ist ja was Grauenhaftes ... Sie brauchen in der Welt nach nichts streben, weil Sie werden eh hingestoßen.«

Beim Vorsingen bewährt er sich nicht.

Im Mozarteum versucht er sich auch als Schauspieler. Oft wird er als *böser alter Mann* besetzt, Versuche als Jongleur sind ebenfalls überliefert. Eine von ihm zur Perfektion gebrachte *Kunstpudelnummer* zählt zu seinem fixen Repertoire.

In besonderer Erinnerung jedoch bleibt seine Rolle im Stück *Der verzauberte Wald.*

»Im Grund' wollt' ich irgendwie berühmt sein, immer schon, durch was, war mir eigentlich völlig wurscht.«

Das Studium am Mozarteum dient vor allem als Vorwand, um unter gleichaltrige Leute zu kommen. Flirtweltmeister wird aus dem gehemmten jungen Mann keiner.

Doch an Beziehungen denkt er ohnehin nicht.

»Ich habe meine Arme nicht zum Umarmen, sondern zum Schreiben und zum Schuhbandlbinden.«

Auch die Nachwuchsfrage ist für ihn geklärt.

»Es ist ein Irrtum, wenn die Leute glauben, sie bringen Kinder zur Welt. Da sagen die Leute, sie kriegen ein Bauxerl, aber in Wirklichkeit kriegen sie einen 80jährigen Menschen, dem das Wasser überall herausrinnt, der stinkt und blind ist und hinkt und sich vor Gicht nicht mehr rühren kann, den bringen sie zur Welt.«

Sein Credo:
»Man müßte allen Leuten, die Kinder kriegen, die Ohren abschneiden.«

Seinen *Lebensmenschen* findet er in der über 35 Jahre älteren Ministerialratswitwe und Schokoladenerbin Hedwig Stavianicek (Typ: *Edelherb*). Als sogenannte *Tante* wird sie seine Begleiterin und die ihn disziplinierende Antriebskraft. Er bezieht eine strenge Kammer in ihrer Witwenwohnung und erhält täglich eine Art Taschengeld.

Stavianiceks ursprünglicher Plan, ihn zu einem weltberühmten Opernsänger zu formen, scheitert aber, er wendet sich stattdessen doch dem Schreiben zu. Den Romanerstling *Peter geht in die Stadt** bricht er nach 150 Seiten ab.

»Da kommt einer an am Salzburger Bahnhof und will in die Stadt gehen. Aber nach 150 Seiten war der immer noch beim Hotel Europa, da ist er g'rad erst in die Straßenbahn eingestiegen, und da hab' ich gedacht, das wird nichts, der kommt nicht vom Fleck. Da hätt' ich ja 10000 Seiten vollschreiben müssen, bis der endlich am Domplatz ankommt.«

Für eine Salzburger Zeitung versucht er sich unter anderem als Gerichtsreporter, die meisten Artikel sind frei erfunden.

»So viel' Verhandlungen hat's ja nie gegeben.«

»Herr Blasius K.«, rief der Richter durch die offenstehende Türe des Verhandlungssaales.
»Da bin i eh scho«, sagte der Blasius, alias »Cowboy« aus dem Pongau, und stellte sich breitspurig vor dem Richtertisch auf.
»Sie haben am 8. Mai dieses Jahres aus dem Besitze des Musikvereines St. Veit ein nagelneues Flügelhorn gestohlen«, sagte Dr. Löbel.
»Dö Trompetn, moanan S'?«
»Natürlich.«

»Ich hab' der Zeitung immer zu einem gewissen Erfolg verholfen durch Falschmeldungen und Übertreibungen, die ich ja beibehalten habe. Ich übertreibe ja in allem und jedem.«

Außerdem verfasst er Filmkritiken, naturgemäß Verrisse.

Ein (leider) österreichischer Film ... Dieser geschmacklose Mischmasch, der sich in uralten schlechten Witzen erschöpft, kann selbst dem standhaftesten Kinobesucher den Saft hochgehen lassen.

Das Salzburger Landestheater (ein *»Rummelplatz des Dilettantismus«*) kommt in seiner Berichterstattung auch nicht gut weg, er empfiehlt die ehestmögliche Schließung. Erste Anklage wegen Ehrenbeleidigung folgt.

Die Zeitungstexte sind Fingerübungen für kommende große Werke, er fühlt sich bereit für Bedeutenderes und schreibt: Gedichte. Sein allererstes heißt *Mein Weltenstück,* wird im *Münchner Merkur* veröffentlicht und fängt so an:

»Und da bin ich damals in den Zwerglgarten gegangen in Salzburg, mit dem gedruckten Gedicht ... und hab' mir gedacht, jetzt weiß jeder, der da vorbeigeht, daß von mir dieses Gedicht in der Zeitung steht ...
Nur hab' ich dann gesehen, so nach acht Tagen hab' ich gespürt, daß man eigentlich noch nicht berühmt ist, wenn im Münchner Merkur *ein Gedicht steht.«*

Bald erscheinen erste Gedichtsammlungen in Buchform – bei wechselnden Verlagen, da sich der junge Dichter gern mit den Verlegern überwirft. Manche Gedichtzyklen werden wegen »Wehleidigkeit« abgelehnt. Bernhard ist aber nicht nur *wehleidig*, sondern auch *hartnäckig*.

»Als junger Mensch ... wolln S' ja überall hinein. Da schreibt man und schreibt man, rennt den Verlagen die Tür ein und will bei jeder Zeitung hinein.«

Obwohl er den *Alleingang* gehen möchte, sind auch Kontakte zu anderen Künstlern unumgänglich.

Schließlich zieht er, mit nur einem abgewetzten Steireranzug und einem Ohrensessel, dauerhaft in die vom Ehepaar Lampersberg gegründete Künstlerkommune Tonhof in Kärnten.

Im Tonhof findet der zurückhaltende Einzelgänger Gelegenheit, die verschiedensten Künstlernaturen innerlich auseinanderzunehmen. Die Avantgardisten findet er *kindisch,* Schullehrertypen *grauenhaft,* alle anderen sind für ihn *eingebildet und ebenso wenig wert.*

– *»Wer bleibt denn da überhaupt übrig,*
den Sie nicht für einen Idioten halten?«
– *»Na keiner, das ist es ja eben.«*

Noch behält er seine Freumbichler'sche *Menschenabneigung* allerdings für sich, für ein HOLZFÄLLEN fühlt er sich nicht bereit. *»Ich glaube, ich bin von Natur aus bös', und die Anlage ist nicht anstrengend, aber die Ausführung ist schwierig.«*

Noch!

Mit den Gastgebern, den Eheleuten Lampersberg, er Komponist, sie Sängerin, entspinnt sich ein undurchsichtiges Dreiecksverhältnis.

Für seinen *einzigen und wirklichen Freund* Gerhard Lampersberg verfasst der junge Bernhard auch ein Opernlibretto, *die rosen der einöde.*

Merken wir uns *Lamperl* – 30 Jahre später wird er gegen seinen Freund von einst gerichtlich vorgehen.

Überhaupt nistet sich Bernhard mit Vorliebe bei verheirateten Paaren ein, landadeliger Background ist ein *Bonus.* Das Thema Damenbekanntschaften bleibt zeitlebens nebulös.

Für H. C. Artmann, der sich ebenfalls am Tonhof aufhält, ist Bernhard ein *»Frauenhasser, nur Greisinnen zugetan«*.

In einem späteren Interview widerspricht Bernhard dieser These:
»Ich vertrage Männer nicht. Männergespräche halte ich nicht aus. Die machen mich narrisch. Männer reden immer über das gleiche. Über ihren Beruf oder über Frauen ... Da sind mir schwätzende Frauen noch lieber.«

Der unauffällige Beobachter *(»Ich habe mit niemandem etwas zu tun. Ich könnte mich nicht erinnern.«)* hält es für seine Verhältnisse unüblich lang im Tonhof aus, manche Literaten beginnen seinen Hang zur Gehässigkeit aber zu durchschauen.

Eine Kärntner Dichterin warnt schon früh:

Sie wird recht behalten. Seine Kollegen bezeichnet er später gern als *»eine Meute dilettantischer Schriftstellernieten«* oder als *»Horde von Staatsausnützern«*.
Ein besonderer Gräuel sind ihm zeitlebens Schriftstellervereinigungen. *»Die Grazer Autorenversammlung ist eine Versammlung von untalentierten Arschlöchern.«*

Seine bizarre Beziehung zur alten *Tante* bleibt von den anwesenden Künstlern nicht unkommentiert. Stavianiceks durch den Tonhof hallende Rufe erinnern manchen an eine *Nebelkrähe*, ein Spitzname, der ihr im Tonhof bleibt.

Doch die Tage in der Künstlerkommune sind ohnehin gezählt. Die amourösen Verwicklungen, Alkoholexzesse und Rivalitätskämpfe im Hause Lampersberg erschöpfen Bernhard zunehmend.

Fast über Nacht flieht er aus dem Tonhof zurück nach Wien. Die Zeit, die er in Wien verbringt, betrachtet er rückblickend aber als verloren, da er *»gezwungen war, in dieser bewunderungswürdigen Architektur mit ihren Bewohnern zusammenzutreffen«*.

Eine Existenz als typischer Kaffeehausliterat behagt ihm auch nicht zu 100%.

Ich habe die Wiener Kaffeehäuser immer gehaßt, weil ich in ihnen immer mit Meinesgleichen konfrontiert gewesen bin ... Ich ertrage mich selbst nicht, geschweige denn eine ganze Horde von grübelnden und schreibenden Meinesgleichen.

Aber da ich an der Kaffeehausaufsuchkrankheit leide, bin ich gezwungen, immer wieder in ein Literatenkaffeehaus hineinzugehen, auch wenn sich alles in mir dagegen wehrt.

Im Sommer treibt es ihn ins Freibad. Im Wiener Krapfenwaldlbad schließlich entsteht bei flirrender Hitze sein erster Roman, FROST.

»Innere *Vorgänge, die niemand sieht, sind das einzige Interessante an Literatur überhaupt. Alles Äußere kennt man ja. Das, was* niemand *sieht, das hat einen Sinn aufzuschreiben.«*

Der Frost und die Frauen bringen die Männer um.

In dem passionierten Schwimmer Siegfried Unseld findet er seinen wichtigsten Verleger.

Unseld wird in den kommenden Jahren gegen einige *Befindlichkeitsströmungen* seines *»unkompliziertesten Autors«* (Zitat Thomas Bernhard) anzukämpfen haben.

Doch noch ist der Seegang ruhig, FROST findet Zustimmung bei der Kritik, mehrere Literaturpreise folgen.

Vier Jahre später, erste Zerrüttungen. Bernhard ist mit den Verkaufszahlen seines zweiten Romans nicht zufrieden. *»Die Enttäuschung ist die grösste.«*

Unseld versucht zu erklären.

Bernhard bleibt stur.

Aus Trotz, dass *»ein so grosser und so guter Verlag ... nicht mehr als tausendachthundert Exemplare verkaufen hat können«*, geht Bernhard allein mit einem Rucksack durch Österreich und verkauft tatsächlich in 4 Wochen mehr als der Insel Verlag.

Unseld lenkt ein und gelobt in Zukunft stärkere Anstrengungen in puncto Vertrieb und Werbeeinschaltungen in deutschen Medien.

Neben seinen Disputen mit Unseld findet er noch Zeit, makellose Leserbriefe zu verfassen. Nach einer negativen Kritik seines Romans VERSTÖRUNG schreibt er an eine Redaktion:

»Mein nächstes Buch lassen Sie bitte gleich von einem natürlich auch in Oberösterreich geborenen oder ansässigen Schimpansen oder Maulaffen besprechen.«

Ohlsdorf (Österr.)
Thomas Bernhard

Doch am meisten hat Unseld zu ertragen. Für Bernhard ist er, je nach Gemütsverfassung, *der größte Verleger* oder *ein Schauerkerl, dem es um sein kleines niedriges Geschäfterl geht, ohne Rücksicht auf irgendwas.*

In seinem letzten Telegramm an den Autor wird Unseld später erschöpft klagen:

»lieber herr bernhard, ich habe gestern ihren brief vom 20. november erhalten. fuer mich ist eine schmerzensgrenze nicht nur erreicht, sie ist ueberschritten ... ich kann nicht mehr. ihr siegfried unseld«

Als gelerntem Kaufmann ist es Bernhard ein Leichtes, Unseld immer wieder enorme Vorschüsse und Monatszahlungen abzuluchsen.

Die sind auch notwendig, legt er sich doch eine Reihe von Bauernhäusern zu. Behilflich ist ihm dabei der gewiefte Immobilienmakler Karl Ignaz Hennetmair.

In seinem Vierkanthof in Ohlsdorf richtet er sich seinen *Denk- und Schreibkerker* ein. Diverse Folterinstrumente entwirft er selbst, Türstöcke und Fensterläden werden schwarz gestrichen, einige Zimmer verfügen über knarzende Geheimtüren, die ins Nichts führen.

Für die umgebende Gemeinde bleibt er ein seltsamer Einzelgänger. Benachbarte Bauern drohen ihren unartigen Kindern damit, der Spinner aus der Großstadt werde sie »holen«.

Andererseits zieht der *Finsterling* Horden von Damen an, die unangekündigt aufkreuzen, um ihn zu retten oder mit ihm gemeinsam Suizid zu begehen.

Oder beides.

Der Dichter ist von dieser Art von Aufmerksamkeit genervt.

Mit dem Immobilienmakler Hennetmair verbindet ihn eine jahrelange Freundschaft. (Hennetmair: *»Thomas ist der größte Geizhals wie überhaupt der unverschämteste Mensch, der mir bisher begegnet ist.«*)

Gemeinsam unternehmen sie stundenlange Spaziergänge, *»in den letzten Wochen hat die Bekanntschaft einen Grad erreicht, daß wir laut voreinander furzen«*.

Solche Einblicke entnehmen wir einem Tagebuch, das Hennetmair ein Jahr lang heimlich führt und das erst lange nach Bernhards Tod veröffentlicht wird. Die Einträge lesen sich so:

11. Februar 1972

Trotz des langen Marsches kann Thomas um 16 Uhr bei mir zu Hause die Linzertorte zum Kaffee nicht ganz aufessen. Seit ich ihn kenne, ist das das zweite Mal, daß er etwas nicht aufißt!

Hennetmairs Buch macht einen anderen, privaten Thomas Bernhard sichtbar. Fast täglich hat Hennetmair Kontakt zum Dichter. Mit Begeisterung sehen die beiden fern:

»Nachrichten oder irgendeinen Blödsinn, was einen halt nicht belastet, je bleder, desto besser.«

Bei Schisprungübertragungen fiebert Bernhard mit, richtig aus dem Häuschen gerät der Dichter aber, als in einer Kultursendung vom Tod des österreichischen Großschriftstellers Heimito von Doderer die Rede ist.

Was wirklich kommt, ist ein starker Auftritt des Todesvogerls. Ein *ganz schöner* Tumor wird diagnostiziert und entnommen, der unheilbare Morbus Boeck bleibt ihm *lebenslänglich*.

Sein Halbbruder Peter Fabjan, Internist in Gmunden, diagnostiziert später:
»Er war ... ein Mensch, der seinen Tod eigentlich immer absehen hat können. Er hat nie gewußt, leb' ich nächstes Jahr noch oder halt' ich noch ein Jahr durch, halt' ich noch zwei Jahre durch.«

Bernhard:
»Ich denk' überhaupt nicht an den Tod,
aber der Tod denkt ständig an mich.«

Für seinen ersten Roman erhält Bernhard den *kleinen* Staatspreis für Literatur. Obwohl er Preisverleihungen als *größte Erniedrigung, die sich denken läßt*, empfindet, nimmt er den Preis an.

Statt mit einer Preisrede (*Ich bin kein Redner und ich kann überhaupt keine Rede halten.*) bedankt er sich mit einer kleinen *philosophischen Abschweifung*.

Er schweift aber noch weiter ab:
»Wir sind Österreicher, wir sind apathisch ... *Wir haben nichts zu berichten, als daß wir erbärmlich sind ... Wir brauchen uns nicht zu schämen, aber wir* sind *auch nichts und wir verdienen nichts als das Chaos.«*

Der bei der Preisverleihung anwesende Unterrichtsminister Piffl-Perčević ist darob *not amused.*

Es ist die Geburtsstunde des *Skandalautors* Thomas Bernhard.

Vom sprichwörtlichen Einzelgänger Bernhard ist zu dieser Zeit noch keine Rede. Zusammen mit seiner Clique macht er Wien und Salzburg unsicher.

Doch immer wieder entsorgt er Wegbegleiter, nachdem er sie auf unnachahmliche Weise ausgesaugt und benutzt hat oder sie plötzlich, ohne selbst zu wissen, *warum*, zu hassen beginnt. Manche werfen von selbst das Handtuch, wenn Bernhards *Blödeln* zu sehr ins *Böseln* kippt.

»Es darf nichts Ganzes geben, man muß es zerhauen ... Und im Umgang mit Menschen ist es auch sehr gut, wenn man die Beziehung plötzlich abreißt.«

Seine Bekanntschaften erwählt er oft nach Abstammung und klingendem Namen. Zu seinem Umgang zählen der Graf Alexander von Üxküll-Gyllenband, die Gräfin Stolberg, der Graf Clam, der Fürst Wirrgestein, die Baronin Teufl. Sogar sein Lieblingsschneider ist von altem Adel.

Dort kleidet er sich für die immer zahlreicher werdenden Preisverleihungen ein, er bevorzugt englischen Tweed der Firmen *Chester Barrie* und *Burberry*.

Auch die Tante teilt seinen noblen Kleidungsgeschmack.

Als die Verleihung des Grillparzer-Preises ansteht, führt ihn sein Weg wieder einmal zu SIR ANTHONY. Nach der *Grillparzerpreisverleihung* und einem üppigen Mahl in der *Gösser Bierklinik*, in dessen Verlauf er meint aus Jacke und Hose zu platzen, steht jedoch fest: Der frisch gekaufte Anzug ist mindestens eine Größe zu klein.

In einem späteren Werk wird sich der Dichter ausdrücklich bei SIR ANTHONY bedanken, der den Anzug nach einmaligem Tragen dennoch zurücknimmt und durch einen um eine Nummer größeren ersetzt.

Wer den Anzug kauft, den ich gerade zurückgegeben habe, weiß nicht, daß er schon mit mir bei der Verleihung des Grillparzerpreises der Akademie der Wissenschaften in Wien gewesen ist, dachte ich.

Nimmt er nicht gerade Preise entgegen (*»Für jeden Schaß, den ich lasse, bekomme ich schon einen Preis«*), düst der leidenschaftliche Autofahrer, oft in Begleitung der Tante, durch Jugoslawien.

»Ich bin aber jedes Mal sehr enttäuscht, ganz wurscht, wo ich hinfahre.«

Und die Wahrheit ist, daß ich nur im Auto sitzend *zwischen dem einen Ort, den ich gerade verlassen habe und dem andern, auf den ich zufahre,* glücklich bin, *nur im Auto und auf der Fahrt bin ich glücklich, ich bin der unglücklichste Ankommende, den man sich vorstellen kann, gleich, wo ich ankomme, komme ich an, bin ich unglücklich. Ich gehöre zu den Menschen, die im Grunde keinen Ort auf der Welt aushalten und die nur glücklich sind* zwischen den Orten, *von denen sie weg und auf die sie zufahren.*

Zurück in Österreich, verbringt er seine Zeit mit Boxkämpfen.
Hier sehen wir den legendären Fight
Thomas Bernhard vs. Elias Canetti.

Canetti notiert dazu später:
»Er war am Mozarteum ... Statt Singen hat er Keifen gelernt.«

Punktsieg für Canetti.

Auch von Schreibern vom Schlag eines Peter Handke hält er wenig.

»Ich schreib' ja nicht für Tepperte, denen man alles vorgeben muß: ›Dort wächst ein Gras, da ist ein Orangenbaum, der hat Orangen, und die Orangen sind zuerst grün, dann werden sie gelb, und zum Schluß werden sie orangenfarbig.‹ ... Alles überflüssig ... Aussparen, heißt's ja schon. Aber jetzt ist es wieder modern, daß jedes Bleamal angeführt wird. Bis da einer beim Haustürl draußen ist und beim Gartentürl, sind schon sechzig Seiten weg.«

Immerhin fällt das Urteil über den jüngeren Kollegen nicht total negativ aus:
»Handke ist ein intelligenter Bursche, und ich möchte keines seiner Bücher geschrieben haben, aber alle meine.«

Bernhard und Handke stellen zu dieser Zeit die Antipoden in Sachen Naturwahrnehmung dar.

»Die Natur interessiert mich überhaupt nicht, weder die Pflanzen noch die Vögerl, weil ich die sowieso nicht unterscheiden kann voneinander und noch heute nicht weiß, wie eine Amsel ausschaut.«

Manche Koryphäen respektiert er.
Über Freud, den er für einen *außergewöhnlichen, großartigen* Schriftsteller hält, sagt er:
»Eine der wenigen großen Persönlichkeiten, die einen Bart gehabt haben und trotzdem groß waren.«

Aber:

Zu dieser Zeit erreicht ihn ein Anruf seines alten Herrenschneiders. Der von ihm einmalig zur Verleihung des Grillparzer-Preises getragene Anzug sei endlich an einen anderen Herrn verkauft worden.

Der Herr sei ebenfalls Dichter, ihm aber nicht namentlich bekannt.

Der Kunde habe den Anzug ebenfalls für eine Preisverleihung benötigt.
Dies habe SIR ANTHONY nur kurz mitteilen wollen.

Weiterhin wird er mit Preisen überhäuft. Es folgen u. a. der Büchner-Preis, der Anton-Wildgans-Preis und die Ehrengabe des Kulturkreises des Bundesverbands der Deutschen Industrie.

Bernhard nimmt sie alle.
»Ich bin geldgierig, ich bin charakterlos, ich bin selbst ein Schwein.«

Den Realitätenhändler Hennetmair weiht er in seinen Geheimplan ein:
»Ich werde einmal alles schreiben über meine Preise und über diese Institutionen, wie das vor sich geht. Wenn ich alle Preise habe, werde ich sie alle so lächerlich machen, daß sich jeder schämen müßte, so einen Preis noch anzunehmen.«

Mit vierzig beginnt er,
alle Preise abzulehnen.
Den Prix Feltrinelli, den Prix Medici, den Bambi verweigert er.
Oder war das jemand anderer?

Der Plan, die siebziger Jahre zu *seinem Jahrzehnt* zu machen, geht voll auf. Seine Produktivität ist enorm.

*»Ich lauf' ein Jahr herum und denk' nur nach
und mach' nur Notizen und sonst gar nichts.«*

Er beginnt, eine Reihe von Stücken zu schreiben.
In ihnen wird vor allem eines sichtbar:
seine Liebe zum Theater.

*»Ich gehe einmal im Jahr ins Theater
und dabei in mein eigenes Stück.«*

Bei den Salzburger Festspielen wird sein Stück EIN FEST FÜR BORIS uraufgeführt. Gegen den Widerstand der Festivalleitung setzt Bernhard durch, dass die Rollen statt mit Schauspielern mit kaum noch erkennbaren Fleischformationen besetzt werden.

»Ich möcht' redende Fleischklumpen, nicht, da sind menschliche Regungen gar nicht drinnen. Ich will ein Theater haben, aber keine Menschen oder soziale Geschichten oder Gefühle.«

Das Stück wird ein Erfolg bei Publikum und Presse. (Grundtenor: *»Mal was Neues.«*)

In Bernhard Minetti findet er seinen idealen Schauspieler. Das Stück MINETTI schreibt er *für* seinen Lieblingsdarsteller und *gegen* das Publikum.

»Die Gegnerschaft ist das einzige, was mich befähigt, das zu machen, was ich mache ... Nur aus dem Haß gegen das Publikum kann ich etwas schreiben, was vielleicht irgendwann einmal in 10-20 Jahren das Publikum interessiert.«

Bernhard wird als meisterhafter Dramatiker gefeiert, später gibt er Auskunft über sein Geheimrezept: *»Für mich sind es eigentlich keine Dialoge ... Da redet jeder für sich irgend etwas hin.«*

Im Stück DIE MACHT DER GEWOHNHEIT lässt er Minetti gegen eine deutsche Kleinstadt wettern.

Wieder ist ein Skandal die Folge, der Bürgermeister von Augsburg ist erbost. In einem Brief an die FAZ versucht der missverstandene Autor später eine Präzisierung:

»Von Lissabon aus empfinde ich Augsburg noch elementarer scheußlich als in meinem neuen Theaterstück. Mein Mitgefühl mit den Augsburgern und allen in Europa, die sich als Augsburger verstehen, ist ungeheuer grenzenlos und absolut.«

Doch ist die Aufregung unnötig, natürlich ist mit Augsburg Salzburg gemeint.

Die größten Erfolge feiern seine Stücke in den Inszenierungen des deutschen Regisseurs Claus Peymann. Ihre Liebe zu Schauspielern verbindet sie (Peymann: *»Die meisten Schauspieler sind dumm.«* Bernhard: *»Je berühmter sie sind, desto dümmer sind sie.«*), ihr Kleidungsgeschmack jedoch unterscheidet sich stark.

Bernhard (Stil: »Gentleman«) hilft Peymann (»Zottellook«), sich modisch neu zu erfinden, ihre gemeinsamen Shoppingtouren durch Wiens Topherrenausstatter sind Legende.

Dann sind die 70er-Jahre zu Ende, der Autor steht kurz vor seinem fünfzigsten Geburtstag.

Doch stehen ihm die größten öffentlichen Erregungen noch bevor.

In seinem Buch HOLZFÄLLEN schildert er ein künstlerisches Abendessen beim mittlerweile *nobel abgewetzten* Ehepaar Auersberg als *widerlich und scheußlich.*

Das Ehepaar Auersberg ist seinen einstigen Gönnern, dem Ehepaar Lampersberg, nachempfunden, als Nebenfiguren treten einige aufstrebende Künstlerexistenzen von einst auf, als *Larven und Hülsen derer, die sie einmal gewesen sind.*

Jetzt, 30 Jahre später, sind sie dem Erzähler alle *zutiefst zuwider.*

Was für lächerliche und gemeine Menschen, dachte ich, auf dem Ohrensessel sitzend, und gleich darauf, was für ein gemeiner und lächerlicher Mensch ich selbst bin.

Das Speisezimmer gleicht einer Aufbahrungshalle, Auersberg ist von jahrelanger Trunksucht aufgeschwemmt, mit *dicken wässrigen Backen* und *scheußlichen Beinchen*, die in *grotesken Strickstrümpfen* stecken.

Meistens endeten solche Abende damit, daß der Auersberger sein Weinglas an eine der auersbergerischen Wände geworfen und dazu auch noch an einer dieser Wände einen jener zierlichen und unbezahlbaren Empiresessel zertrümmert hat, die alle Augenblicke bei einem Innenstadtrestaurator waren.

Fazit des Buches: ein Pech, *»als ein solcher Mensch, wie der Herr Auersberg geboren worden zu sein«.*

HOLZFÄLLEN ist eine Art Scherzkompendium des Autors, die vollendete Umsetzung seiner Humortheorie:

»Das Scherzmaterial ist ja immer da, wo's nötig ist, wo ein Mangel ist, irgendeine geistige oder körperliche Verkrüppelung. Über einen Spaßmacher, der völlig normal ist, lacht ja kein Mensch, nicht, sondern der muß hinken oder einäugig sein oder jeden dritten Schritt hinfallen, oder sein Arsch explodiert und schiaßt a Kerz'n heraus oder was. Darüber lachen die Leut', immer über Mängel oder über fürchterliche Gebrechen. Über was anderes hat ja noch nie jemand gelacht, nicht?«

»Und selbst lachen tut man auch nur, wenn man sich einzwickt oder was ... Wenn meine Großmutter sich an der Herdplatte verbrennt hat, hab' ich wahnsinnig gelacht, und wenn das wochenlang nicht *war, war wochenlang Nichtlachen im Haus.«*

Sein alter Gönner Lampersberg erkennt sich im versoffenen Auersberg wieder und leitet gerichtliche Schritte ein. Das Buch wird beschlagnahmt und darf für einige Zeit nicht ausgeliefert werden. Für Bernhard bleibt die Reaktion unverständlich.

Später bemüht er sich um eine Art Deeskalation, er gibt zu: *»Das Buch ist halb erfunden und halb wahr ... Im Grund' sind die Leut' viel grausiger, als man sie je beschreiben kann, das ist meine Meinung.«*

Auftritt einer schillernden Nebenfigur, des damaligen Bundeskanzlers Fred Sinowatz.

Vom Burgenländer Sinowatz sind zwei Äußerungen überliefert:

Sinowatz' Plan, Bernhard zum Burgtheaterdirektor zu machen, scheitert. Vor allem am Einspruch der Schauspieler. Die *Dummköpfe* stimmen einstimmig für ...

Diese Zurückweisung heizt den Österreichhass des Autors zusätzlich an.

In einem späteren Stück lässt er seinen THEATERMACHER sagen:

Doch halt! Begehen wir nicht den Fehler, die Figur mit dem Autor zu verwechseln!

»Ich bin ja nicht meine Figuren, auch. Da müßt ich mich ja schon hundertmal umgebracht haben und ein Ausbund an Perversität von fünf Uhr früh bis zehn Uhr Nacht sein.«

Die Bernhard-Forschung hat mittlerweile herausgefunden: Der Autor hat sein Land und dessen Bewohner gar nicht gehasst, in Wirklichkeit war sein Empfinden viel ambivalenter, manchmal sogar von Anteilnahme und Zartheit durchzogen.

»Die Österreicher sind liab und bleiben blöd.«

Fast schon *zu* nachsichtig geht Bernhard mit seinen Landsleuten um, die den ehemaligen Wehrmachtssoldaten Kurt Waldheim zu ihrem Bundespräsidenten machen.

Waldheim hatte seine Mitwisserschaft an Kriegsverbrechen und Massenmorden geleugnet und die eigene Biografie verfälscht, was den burgenländischen Bundeskanzler Sinowatz zu einer weiteren legendären Aussage inspiriert.

Sinowatz tritt zurück, während Waldheim weiter im Sattel bleibt.

Der Dichter hat es sich in der Zwischenzeit in Spanien gemütlich gemacht. Von dort sendet er regelmäßig via TV Durchhalteparolen an das österreichische Volk.

Die Fernsehinterviews von Krista Fleischmann verhelfen ihm zu einem ganz neuen Publikum.

»Für mich wäre interessant, wenn ich mich umbringen würde und mich nachher beobachten könnte ...
Daß das nicht geht, ist meine größte Enttäuschung.«

Nach der Erstausstrahlung eines Fernsehmonologs des Dichters schreibt die größte Zeitung des Landes:
»Eher gesammelter Nonsens für eingeweihte Freunde.«

So plappert sich der Kirchenhasser in einem dieser Interviews zum Beispiel in die *Papstrolle* hinein.

»Na, echter *Papst, der richtige Papst, wär' ich gern. Hat's eigentlich einen* Papst Thomas *gegeben schon, nein? Da bleibat ich gleich bei meinem Vornamen.*
Thomas I. ...
Und vielleicht vergiften Sie den jetzigen, und ich steig' hinter Ihnen ein, schlüpf' in das Nachthemd des jetzigen Papstes, mach' eine kleine Gesichtsoperation und geh' am nächsten Tag als der Papst heraus und bin dann der erste Papst, der sich während seiner Amtszeit umbenennt.«

Der Dichter wird von manchen nunmehr als eine Art Kabarettist wahrgenommen, eine Kunstform, von der er selbst nur wenig hält.

»In Österreich macht man ja alles Ernsthafte zum Kabarett und entschärft es damit. Jeder Ernst wandert auf die Witzseite, und so ertragen die Österreicher den Ernst nur als Witz. In anderen Ländern gibt es halt noch einen Ernst. Ich bin ja auch ein ernster Mensch, aber nicht ununterbrochen, denn da würde man ja verrückt sein und wär' außerdem blöd. So ist das.«

Reagierten seine Dichterkollegen schon früher oft misstrauisch auf Bernhard, finden auch seine neuen Konkurrenten, die Kabarettisten, wenig Gefallen an seinen *»Zwangswitzen aus der Zwangsjacke«*.

Auszug aus seinem umstrittenen Solo *Totalität des Ernstes*:

»Ich würde nie einem jungen Künstler zehn Schilling geben; gar nichts ... Künstlern soll man die Türen, durch die sie gern wollen, absolut versperren und zumachen ...
Ich bin gegen jede Subvention, gegen jede Rentnerei ... Jeder einzelne g'hört g'sundg'schrumpft, und zwar so weit gesundgeschrumpft, bis von ihm nichts mehr zu sehen ist.«

Dann stirbt die *Tante*, sein Lebensmensch seit 35 Jahren. In ihren letzten Monaten pflegt er sie, selbst schon schwer krank.

*»Das war der Mensch, auf den alles, was mich betrifft, bezogen war, von dem ich alles gelernt habe ...
Dann ist man halt allein. Damit muß man fertig werden.«*

Wenn Sie den nächsten Menschen verloren haben, ist Ihnen alles leer, Sie können hineinschauen, wo Sie wollen, alles ist leer und Sie schauen und schauen und Sie sehen, alles ist wirklich leer, *und zwar für immer, so Reger.*

Gerettet wird der Dichter – wie immer – durch die Arbeit. Claus Peymann (mittlerweile in gereiftem Künstlerschwarz) steigt zum Burgtheaterdirektor auf, seinen Lieblingsautor reitet er mit in die *»schicke Scheiße«* ...

Oft werden die zwei beim Brainstorming in rustikalen Innenstadtlokalen gesichtet.

Und so schreibt Bernhard sein letztes Stück, HELDENPLATZ.

Der schon schwer-, ja todkranke Autor nimmt all seine Kräfte zusammen im Kampf gegen Altersmilde.
Zum Wohle seines Werkes beschließt er, sich immer mehr zu *vergrauslichen* und immer mehr zu *verfürchten* und zu *verfinstern im Bösen*, um *besser zu werden*.

»Alte Menschen ohne Bosheit sind ja unerträglich, so wie Kinder ohne Bosheit. A braves Kind ist ja zum Abwürgen und ein alter Mensch genauso.«

Genau 50 Jahre nach dem Anschluss Österreichs an Hitler-Deutschland und rechtzeitig zum 100. Geburtstag des Burgtheaters kommt HELDENPLATZ schließlich, unter Zwischenrufen, Buhs und anderen Störversuchen, zur Aufführung.

Das Erwartbare tritt ein, Bundespräsident Waldheim gefällt das Stück nicht, er sieht darin »eine grobe Beleidigung des österreichischen Volkes«. Andere Vertreter des Staates und Teile des Publikums schließen sich Waldheims Meinung an. Von Sinowatz ist leider kein Kommentar überliefert.

Es ist eines der seltenen Male, dass sich der Dichter (samt Todesvogerl) zum Schlussapplaus auf der Bühne zeigt. Obwohl er *im Grunde nichts möchte, außer in Ruhe gelassen zu sein*, scheint er die Aufregung zu genießen.

Das Publikum jubelt bzw. tobt minutenlang.

Ab und zu gestatte ich mir doch eine Erregung
damit ihr nicht glaubt ich bin schon tot das bin ich
nicht im Gegenteil der Körper ist kaputt aber der Kopf
ist jeden Tag neu geboren

Gleichzeitig ist es ein Abschiedsgruß an kommende Nazigenerationen.

Einer der vom Balkon des Burgtheaters grölenden Neonazis wird knapp 30 Jahre nach Bernhards Tod Vizekanzler von Österreich.

Einige der markantesten HELDENPLATZ-Sprüche machen Schlagzeilen in Österreichs Boulevardpresse.

Der Kreis zu seinen Anfangsjahren als Zeitungsredakteur schließt sich.

Bernhard hat keine Komödie mehr geschrieben.
Er stirbt am 12. Februar 1989 in seiner Wohnung in Gmunden.

Seine letzte Ruhestätte findet er im Grab von
Tante Stavianicek.
Den Platz neben ihr teilt er sich mit deren lange zuvor verstorbenem Gatten, dem Ministerialrat Stavianicek.
Ob es dem recht gewesen wäre?

Zum Begräbnis waren, Bernhards Wunsch entsprechend, nur drei Angehörige erschienen.

»Ich gehe, wie ich gekommen bin …

unbemerkt.«

EPILOG

In seinem Testament verfügt Bernhard ein Aufführungs- und Publikationsverbot seiner Werke innerhalb des österreichischen Staatsgebiets.

Es ist ein letzter Versuch, sich vom *verhassten* Österreich und seinen *stumpfsinnigen* Bewohnern loszusagen.

Es ist ihm nicht gelungen.

QUELLEN

Seite 07 »Letzten Endes …«, in: *Der Keller*, Werke 10, S. 136.

Seite 09 »Ich hörte ein Klatschen …«, in: *Thomas Bernhard und seine Lebensmenschen. Der Nachlaß*, S. 37.
»Ich war nicht dabei, aber …«, nach: *Monologe auf Mallorca*, Interview von Krista Fleischmann (in Folge KFL) (ORF 1981), Werke 22.2, S. 195.

Seite 10 »Meine Krankheit ist die Distanz«, zitiert nach Peter Fabjan, in: *Was reden die Leute. 58 Begegnungen mit Thomas Bernhard*. Aufgezeichnet von Sepp Dreissinger, S. 368.

Seite 11 »Grotesk, grotesk!«, in: *Wittgensteins Neffe*, Werke 13, S. 251.
»Ich bin eine lustige Person …«, in: *»Aus Schlagobers entsteht nichts«. Interview von Rudolf Bayr* (ORF 1975), Werke 22.2, S. 78.

Seite 12 Zur Ähnlichkeit mit dem Vater vgl. *Die Kälte*, Werke 10, S. 355 f.

Seite 13 »Dich soll der Teufel holen! […] Du bist mein Tod! […] Du bist so ein Nichtsnutz wie dein Vater!«, in: *Ein Kind*, Werke 10, S. 426 f.
»Ich war reizend, mit großen langen Locken …«, in: *Monologe auf Mallorca*, Interview von KFL, Werke 22.2, S. 316.

Seite 14 »Die Kindheit ist …«, in: *Alte Meister*, Werke 8, S. 68.

Seite 15 »Ich war so hilflos …«, in: *Ein Kind*, Werke 10, S. 475.

Seite 16 »Ich hab' mir immer vorgestellt …«, in: *»Sind Sie gern böse?« Interview von Peter Hamm* (1977), Werke 22.2, S. 95.

Seite 18 »Die Großväter sind …«, in: *Ein Kind*, Werke 10, S. 417 f.

Seite 19 »Meine Menschenabneigung grenzt an Wahnsinn.«, Johannes Freumbichler, Notizbuch um 1942, zitiert nach: *Thomas Bernhard und seine Lebensmenschen. Der Nachlaß*, S. 16.
»Wer durch diese Welt kommen will, muß sich mit einem Panzer von Rohheit umgeben.«, Johannes Freumbichler, Notizbuch um 1914, zitiert nach: Manfred Mittermayer, *Thomas Bernhard. Eine Biografie*, S. 27.

Seite 20 »Die Leute vor mir …«, in: *Drei Tage*, Fernsehmonolog, aufgezeichnet von Ferry Radax (WDR 1970), Werke 22.2, S. 57.

Seite 22 » Als die Szene zuende war …«, in: *Ein Kind*, Werke 10, S. 466.

Seite 23 »Verstümmelungsmaschinerie …«, in: *Die Ursache*, Werke 10, S. 82 f., S. 96.

»Wo hundert hinmarschieren ...«, in: *Morgen Salzburg. Interview von Arnim Eichholz* (Münchner Merkur, 24./25. Juli 1976), Werke 22.2, S. 81.

Seite 24 »Und drei Monate drauf ...«, in: *»Sind Sie gern böse?« Interview von Peter Hamm* (1977), Werke 22.2, S. 97.

Seite 25 »Na ja, das Todesvogerl, nicht? ...«, in: *Monologe auf Mallorca*, Interview von KFL, Werke 22.2, S. 239.

Seite 26 »Gleichzeitig war mein Großvater ...«, in: *»Sind Sie gern böse?« Interview von Peter Hamm* (1977), Werke 22.2, S.98.

»Ich bin aus reiner Langeweile ...«, in: *Drei Tage*, Werke 22.2, S. 62.

Seite 27 »Mein Großvater, der Dichter, war tot ...«, in: *Die Kälte*, Werke 10, S. 331.

»Zuerst wie beim Tier ...«, in: *Skizzenblatt*, Anhang Werke 10, S. 533.

Seite 28 »Weg von den Ärzten ...«, in: *Die Kälte*, Werke 10, S. 401.

Seite 29 Vgl. »Meine erste Existenz war abgeschlossen ...«, in: *Der Atem*, Werke 10, S. 279.

»Literatur stinkt doch ...«, in: *»Die Ursache bin ich selbst«. Interview von Krista Fleischmann* (ORF, 10. September 1987), Werke 22.2, S. 311.

Seite 30 »Streben ist immer Blödsinn gewesen.«, in: *»Die Leute, die ein Gespräch führen wollen, sind mir sowieso schon verdächtig«. Interview von Werner Wögerbauer* (15. Juli 1986), Werke 22.2, S. 281.

»Gehen's, tun's was ander's ...«, frei nach: Mittermayer, S. 85, sowie Rudolf Brändle, *Zeugenfreundschaft*, S. 90.

Seite 31 Vgl. »Ihre Nummer mit dem Kunstpudel«, in: *Die Macht der Gewohnheit*, Werke 16, S. 26.

»Hic buzli, bazli bali – ich bin der Zauberer Kemikali«, in: *Der verzauberte Wald*, Stück von Klaus Gmeiner, zitiert nach: Mittermayer, S. 111.

»Im Grund' wollt' ich irgendwie ...«, in: *»Sind Sie gern böse?« Interview von Peter Hamm* (1977), Werke 22.2, S. 103.

Seite 32 »Das Einzige, was mich interessiert ...«, nach einer indirekten Rede in: Brändle, S. 33.

»Ich habe meine Arme nicht zum Umarmen ...«, in: *Monologe auf Mallorca*, Interview von KFL, Werke 22.2, S. 212.

Seite 33 »Es ist ein Irrtum, wenn ...«, frei nach: *»Der Wald ist groß, die Finsternis auch«. Interview von André Müller* (Die Zeit, 29. Juni 1979), Werke 22.2, S. 161.

»Man müßte allen Leuten, die...«, in: *»Mein Körper, mein Kopf* *und sonst nichts«. Interview von Andreas Müller* (Münchner Abendzeitung, 18. Dezember 1971), zitiert nach: Mittermayer, S. 212.

Seite 34 »Dreckroman ...«, schriftliche Anmerkung Bernhards auf einem Typoskript, nach: Mittermayer, S. 139.

»Da kommt einer an am Salzburger Bahnhof ...«, in: *»Der Wald ist groß, die Finsternis auch«. Interview von André Müller* (Die Zeit, 29. Juni 1979, nicht veröffentlichte Passage), Werke 22.2, S. 504f.

Seite 35 »So viel' Verhandlungen hat's ja nie gegeben«, in: *»Sind Sie gern böse?« Interview von Peter Hamm* (1977), Werke 22.2, S. 112.

»Herr Blasius K. ...«, in: »Blasius und das Flügelhorn« (Demokratisches Volksblatt, 4. Oktober 1952), Werke 22.1, S. 453.

»Ich hab' der Zeitung immer ...«, in: *»Die Ursache bin ich selbst«. Interview von Krista Fleischmann* (ORF, 10. September 1987), Werke 22.2, S. 324 f.

Seite 36 »Ein (leider) österreichischer Film ...«, in: Filmkritik von *Die süßesten Früchte* (Demokratisches Volksblatt, 12. April 1954), Werke 22.1, S. 360.

»Rummelplatz des Dilettantismus«, in: *»Salzburg wartet auf ein Theaterstück«* (Die Furche, 3. Dezember 1955), Werke 22.1, S. 411.

Seite 37 »Vieltausendmal derselbe Blick ...«, in: *Mein Weltenstück*, Werke 21, S. 9.

»Und da bin ich damals in den Zwerglgarten ...«, in: *»Sind Sie gern böse?« Interview von Peter Hamm* (1977), Werke 22.2, S. 108.

Seite 38 »Als junger Mensch ...«, in: *»Von Ehrengrab zu Ehrengrab«. Interview von Kurt Hofmann* (ORF 1986), Werke 22.2, S. 277.

Seite 39 »Wer bleibt denn da überhaupt übrig ...«, in: *»Der Wald ist groß, die Finsternis auch«. Interview von André Müller* (Die Zeit, 29. Juni 1979), Werke 22.2, S. 158.

»Ich glaube, ich bin von Natur aus bös' ...«, in: *»Ich könnte auf dem Papier jemand umbringen«. Interview von Hellmuth Karasek und Erich Böhme* (Der Spiegel, 23. Juni 1980), Werke 22.2, S. 173.

Seite 41 »Frauenhasser, nur Greisinnen zugetan«, H. C. Artmann zitiert nach: Sigrid Löffler, *»Wiedergänger und Kultfigur«* (Die Zeit, 11. Februar 1999).

»Ich vertrage Männer nicht ...«, in: *»Von einer Katastrophe in die andere«. Interview von Asta Scheib* (Süddeutsche Zeitung, 17./18. Januar 1987), Werke 22.2, S. 337 f.

Seite 42 »Ich habe mit niemandem etwas zu tun ...«, in: *»Ich könnte auf*

dem Papier jemand umbringen«. Interview von Hellmuth Karasek und Erich Böhme (Der Spiegel, 23. Juni 1980), Werke 22.2, S. 174.
»Paß auf, der is a Schlaucherl«, Christine Lavant zitiert nach: Gitta Honegger, *Thomas Bernhard. »Was ist das für ein Narr?«*, S. 102.
»eine Meute dilettantischer Schriftstellernieten« und »Horde von Staatsausnützern«, in einem Briefentwurf, Werke 22.1, S. 879.
»Die Grazer Autorenversammlung …«, in: Brief an Ministerialrat Temnitschka, 27. März 1986, Werke 22.1, S. 683.

Seite 43 »Nebelkrähe«, nach Lampersberg, in: Maria Fialik, *Der Charismatiker. Thomas Bernhard und die Freunde von einst*, S. 54.

Seite 44 Vgl. »Die Zeit, die er in Wien verbrachte …«, in: *Junge Köpfe* (Morgen. Monatsschrift Freier Akademiker, Wien 1959, Heft 10), Werke 22.1, S. 577.
»Ich habe die Wiener Kaffeehäuser …« und »Aber da ich …«, in: *Wittgensteins Neffe*, Werke 13, S. 292.

Seite 45 »*Innere* Vorgänge, die niemand sieht …«, in: *»Die Ursache bin ich selbst«. Interview von Krista Fleischmann* (ORF, 10. September 1987), Werke 22.2, S. 327.
»Der Frost und die Frauen …«, in: *Frost*, Werke 1, S. 119.

Seite 47 »Die Enttäuschung ist die grösste.«, Thomas Bernhard an Siegfried Unseld am 11. Juli 1968, in: Bernhard/Unseld, *Der Briefwechsel*, Brief 46, S. 75.
»90 Prozent der Käufer …«, frei nach: Siegfried Unseld an Thomas Bernhard am 15. Juli 1968, in: Bernhard/Unseld, *Der Briefwechsel*, Brief 47, S. 78.

Seite 48 »ein so grosser und so guter Verlag …«, Thomas Bernhard an Siegfried Unseld am 11. Juli 1968, in: Bernhard/Unseld, *Der Briefwechsel*, Brief 46, S. 75.

Seite 49 »Mein nächstes Buch lassen Sie bitte …«, in: Leserbrief (Der Spiegel, 29. Mai 1967), Werke 22.1, S. 633.

Seite 50 »der größte Verleger …«, in: »Unseld« (*Der Verleger und seine Autoren. Siegfried Unseld zum sechzigsten Geburtstag*, Suhrkamp 1984, S. 52), Werke 22.1, S. 626.
»Schauerkerl«, Bernhard über Unseld in einem Interview mit der Zeitschrift *Basta*, 26. Oktober 1988, dokumentiert von Siegfried Unseld in der *Chronik*, zitiert nach: Bernhard/ Unseld, *Der Briefwechsel*, Kommentar zu Brief 521, S. 801.

»lieber herr bernhard …«, Telegramm, 24. November 1988, in: Bernhard/Unseld, *Der Briefwechsel*, Brief 523, S. 805.

Seite 54 »… ist der größte Geizhals …«, frei nach: Karl Ignaz Hennetmair, *Ein Jahr mit Thomas Bernhard*, S. 52.

»… in den letzten Wochen hat die Bekanntschaft …«, in: ebd., S. 116.

»11. Februar 1972 …«, in: ebd., S. 115.

»Es gibt viel zu wenig wirklich gute scheußliche …«, nach einer indirekten Rede in: ebd., S. 148.

Seite 55 »Nachrichten oder irgendeinen Blödsinn …«, in: *»Der Wald ist groß, die Finsternis auch«. Interview von André Müller* (Die Zeit, 29. Juni 1979, nicht veröffentlichte Passage), Werke 22.2, S. 503.

»Jetzt ist die Bahn frei …«, zitiert nach: Hennetmair, S. 23.

Seite 56 »Er war […] ein Mensch …«, Peter Fabjan, in: Krista Fleischmann (Hg.), *Thomas Bernhard – Eine Erinnerung. Interviews zur Person*, S. 161.

»Ich denk' überhaupt nicht an den Tod …«, in: *Monologe auf Mallorca*, Interview von KFL, Werke 22.2, S. 239.

Seite 57 »Ich bin kein Redner …«, in: *Meine Preise*, Werke 22.2, S. 415.

»Es ist alles lächerlich …«, in: *Reden*, Werke 22.2, S. 23.

Seite 58 »Wir sind Österreicher, wir sind *apathisch* …«, in: Dankrede anlässlich der Entgegennahme des »Staatspreises für Romane 1967« im Bundesministerium für Unterricht, Wien, 4. März 1967, Werke 22.2, S. 23 f.

Seite 59 »Es darf nichts Ganzes geben …«, in: *Drei Tage*, Werke 22.2, S. 64.

Seite 62 »Wer den Anzug kauft …«, in: *Meine Preise*, Werke 22.2, S. 373.

Seite 63 »Für jeden Schaß …«, in: Hennetmair, S. 400.

»Ich bin aber jedes Mal …«, in: *»Sind Sie gern böse?« Interview von Peter Hamm* (1977), Werke 22.2, S. 132.

»Und die Wahrheit ist …«, in: *Wittgensteins Neffe*, Werke 13, S. 294 f.

Seite 64 »Schmalkant« und »Kleinschopenhauer«, in: Offener Brief (Die Zeit, 27. Februar 1976), Werke 22.1, S. 646.

»Er war am Mozarteum …«, zitiert nach: Mittermayer, S. 338.

Seite 65 »Ich schreib' ja nicht für Tepperte …«, in: *»Die Ursache bin ich selbst«. Interview von Krista Fleischmann* (ORF, 10. September 1987), Werke 22.2, S. 326 f.

»Handke ist ein intelligenter Bursche …«, in: *»Ich könnte auf dem Papier jemand umbringen«. Interview von Hellmuth Karasek und Erich Böhme* (Der Spiegel, 23. Juni 1980), Werke 22.2, S. 175.

Seite 66 »Die Natur interessiert mich überhaupt nicht ...«, in: *»Der Wald ist groß, die Finsternis auch«. Interview von André Müller* (Die Zeit, 29. Juni 1979), Werke 22.2, S. 157.

Seite 67 »Eine der wenigen großen Persönlichkeiten ...«, in: *Monologe auf Mallorca*, Interview von KFL, Werke 22.2, S. 185.

»Psychoanalyse halte ich persönlich eher für ...«, frei nach ebd.

Seite 69 »Ich bin geldgierig, ...«, in: *Meine Preise*, Werke 22.2, S. 412.

»Ich werde einmal alles schreiben ...«, nach: Hennetmair, S. 91.

»Ehre ist ja sowieso ein Blödsinn«, nach: Kurt Hofmann, *Aus Gesprächen mit Thomas Bernhard*, S. 92.

Seite 70 »Ich lauf' ein Jahr herum ...«, in: *»Die Vergangenheit ist unerforscht«. Interview von Viktor Suchy* (15. März 1967), Werke 22.2, S. 49.

Seite 71 »Schauerlich dieses Wort BÜHNENSTÜCK ...«, in: *Claus Peymann kauft sich eine Hose und geht mit mir essen*, Werke 20, S. 83 f.

»Ich gehe einmal im Jahr ins Theater ...«, in: *»Ich könnte auf dem Papier jemand umbringen«. Interview von Hellmuth Karasek und Erich Böhme* (Der Spiegel, 23. Juni 1980), Werke 22.2, S. 177.

Seite 72 »Ich möcht' redende Fleischklumpen ...«, in: *»Sind Sie gern böse?« Interview von Peter Hamm* (1977), Werke 22.2, S. 127.

»Machen Sie doch die Fenster auf ...«, in: *Ein Fest für Boris*, Werke 15, S. 145.

Seite 73 »Die Gegnerschaft ist das einzige ...«, nach: *Thomas Bernhard spricht*. Interview mit Maya Faber-Jansen (Aspekte, 24. September 1975, Erstdruck in: Theater heute 1975, Heft 11, S. 79), Werke 22.2, S. 79.

»jeden Tag rücksichtslos ...«, in: *Minetti*, Werke 17, S. 33.

»Für mich sind es eigentlich ...«, in: *»Sind Sie gern böse?« Interview von Peter Hamm* (1977), Werke 22.2, S. 123.

Seite 74 »Gibt es denn in Augsburg ...«, in: *Die Macht der Gewohnheit*, Werke 16, S. 102.

»Von Lissabon aus ...«, Telegramm, in: *Frankfurter Allgemeine Zeitung*, 12. August 1974, Werke 22.1, S. 641.

Seite 75 »Hosenkauf ist immer eine Tragödie gewesen ...«, in: *Claus Peymann kauft sich eine Hose und geht mit mir essen*, Werke 20, S. 80.

Seite 76 »Alles über 50 ...«, frei nach: Thomas Bernhard an Siegfried Unseld am 17. Dezember 1981, in: Bernhard/Unseld, *Der Briefwechsel*, Brief 437, S. 645.

Seite 77 »Die Menschheit gehört ...«, in: *Holzfällen*, Werke 7, S. 154.
»Was für lächerliche und gemeine Menschen ...«, in: ebd., S. 26.

Seite 78 »Meistens endeten ...«, in: ebd., S. 153 f.
»Wir sollten uns alle gegenseitig ...«, in: ebd., S. 154.
»... als ein solcher Mensch, wie der Herr Auersberg ...«, in: ebd., S. 187.

Seite 79 »Das Scherzmaterial ist ja immer da ...«, in: *Monologe auf Mallorca*, Interview von KFL, Werke 22.2, S. 192.
»Und selbst lachen tut man auch nur ...«, in: ebd., S. 193.

Seite 80 »Haben die Leut' keinen Humor ...«, in: ebd., S. 194.
»Das Buch ist halb erfunden ...«, in: *»Ich hab' praktisch eh alle gegen mich«. Interview von Brigitte Hofer* (ORF Abendjournal, 29. August 1984), Werke 22.2, S. 273.

Seite 81 »Thomas Bernhard muss Burgtheaterdirektor werden«, vgl. Mittermayer, S. 237 f.

Seite 83 »Österreich ...«, in: *Der Theatermacher*, Werke 19, S. 140.
»Ich bin ja nicht meine Figuren ...«, in: *»Die Leute, die ein Gespräch führen wollen, sind mir sowieso schon verdächtig«. Interview von Werner Wögerbauer* (15. Juli 1986), Werke 22.2, S. 287 f.

Seite 84 »Die Österreicher sind liab ...«, in: *Monologe auf Mallorca*, Interview von KFL, Werke 22.2, S. 202.

Seite 85 eigentlich: »Wir nehmen zur Kenntnis ...«, Pressekonferenz SPÖ-Spitze Sinowatz – Blecha – Fischer zu Waldheim, in: ORF Mittagsjournal, 11. März 1986.

Seite 86 »... fragen sie ruhig *so* weiter ...«, in: *Monologe auf Mallorca*, Interview von KFL, Werke 22.2, S. 188.
»Eher gesammelter Nonsens ...«, in: *Kronen Zeitung*, 12. Februar 1981, zitiert nach: Werke 22.2, S. 516.

Seite 87 »Na, *echter* Papst ...«, in: *Monologe auf Mallorca*, Interview von KFL, Werke 22.2, S. 220 f.
»Ich *glaub'* ...«, in: ebd., S. 221.

Seite 88 »In Österreich macht man ja ...«, in: *»Die Leute, die ein Gespräch führen wollen, sind mir sowieso schon verdächtig«. Interview von Werner Wögerbauer* (15. Juli 1986), Werke 22.2, S. 280 f.

Seite 89 »Die Zwangsjacke erzeugt Zwangswitze.«, in: *Monologe auf Mallorca*, Interview von KFL, Werke 22.2, S. 234.
»Die Totalität des Ernstes.«, in: ebd., S. 238.
»Ich würde nie einem jungen Künstler ...«, frei nach: ebd., S. 269 ff.

Vgl. »Thomas Bernhard ist für mich ein literarischer Faschist«, Werner Schneyder in: *»Stolz auf seine Leber«* (Oberösterreichische Nachrichten, 21. Januar 2017).

Seite 90 »Das war der Mensch …«, in: *»Von einer Katastrophe in die andere«. Interview von Asta Scheib* (Süddeutsche Zeitung, 17./18. Januar 1987), Werke 22.2, S. 329.

Seite 91 »Wenn Sie den nächsten Menschen …«, in: *Alte Meister*, Werke 8, S. 179.

Seite 92 »Soll ich Ihnen nicht doch die alte Hose abnehmen …«, nach: *Claus Peymann kauft sich eine Hose und geht mit mir essen*, Werke 20, S. 85 f.

Seite 93 »Da drüben sitzt der Vizekanzler …«, frei nach: ebd., S. 94 f.

Seite 94 »Wie mich vor allem hier ekelt …«, in: *Heldenplatz*, Werke 20, S. 289.
»Alte Menschen ohne Bosheit …«, in: *»Holzfällen«. Interview von Krista Fleischmann* (ORF, 28./29. August 1984), Werke 22.2, S. 261.

Seite 95 »Es gibt jetzt mehr Nazis …«, in: *Heldenplatz*, Werke 20, S. 259.
»In jedem Wiener steckt ein Massenmörder.«, in: ebd., S. 302.

Seite 96 »Ab und zu gestatte ich mir …«, in: ebd., S. 281.

Seite 98 »Österreich: 6,5 Millionen Debile.«, in: *Kronen Zeitung*, 7. Oktober 1988, vgl. Kommentar in: *Heldenplatz*, Werke 20, S. 393.

Seite 99 »Wem es gelingt, auf dem Totenbett …«, in: *Ungenach*, Werke 12, S. 36.

Seite 101 »Ich gehe wie ich gekommen bin …«, Bernhard in einem Gespräch mit Siegfried Unseld kurz vor seinem Tod, zitiert nach Siegfried Unseld, Reisebericht Salzburg, Samstag, 28. Januar 1989, siehe Bernhard/Unseld, *Der Briefwechsel*, S. 808 (in einer Fußnote zu Brief 524).

Seite 113 »Alles armselig …«, in: *»Die Leute, die ein Gespräch führen wollen, sind mir sowieso schon verdächtig«. Interview von Werner Wögerbauer* (15. Juli 1986), Werke 22.2, S. 295.

Seite 114 »Und der größte Fehler ist …«, in: *Drei Tage*, Werke 22.2, S. 64.

Seite 118 »Der Wald ist groß …«, in: *»Der Wald ist groß, die Finsternis auch«. Interview von André Müller* (Die Zeit, 29. Juni 1979), Werke 22.2, S. 161.

Seite 121 »Nachher, wenn man's …«, in: ebd. (erweiterte Fassung), Werke 22.2, S. 505.

»Alles armselig und führt zu nichts als zum Ende. Da können S'daheim sitzen, können S' ihre Bücheln aufstellen, und wenn S' die dann anschau'n, denken Sie sich: ›Traurig‹.«

»Und der größte Fehler ist, wenn ein Autor ein Buch zu Ende schreibt.«

FEHLERQUELLEN

Seite 9 Die Form der Nachgeburt ist nicht überliefert.

Seite 10 Die Feststellung »Meine Krankheit ist die Distanz« traf Bernhard seinem Halbbruder Peter Fabjan zufolge erst viel später.

Seite 11 »Grotesk, grotesk!« sagt Paul Wittgenstein in Bernhards *Wittgensteins Neffe*, kurz vor einem Weinkrampf.

Seite 22 In *Ein Kind* ist der ausgepeitschte nackte Mann an einen Baumstamm gefesselt.

Seite 28 Die Passage lautet eigentlich »Tatsächlich erschreckt mich diese Gegend, noch mehr die Ortschaft, die von ganz kleinen, ausgewachsenen Menschen bevölkert ist, die man ruhig schwachsinnig nennen kann. Nicht größer als ein Meter vierzig im Durchschnitt, torkeln sie zwischen Mauerritzen und Gängen, im Rausch erzeugt. Sie scheinen typisch zu sein für das Tal. [...] Alle haben sie da ...« (in: *Frost*, Werke 1, S. 11) und ist hier in einem falschen Zusammenhang wiedergegeben. Bernhard beschreibt hier nicht seine Ärzte, sondern die Einwohner von Weng im Pongau.

Seite 31 Die Kunstpudelnummer ist eine Erfindung von Bernhard in seinem Stück *Die Macht der Gewohnheit*. Selbst hat er sie mit großer Wahrscheinlichkeit nie praktiziert.

Seite 34 Hedwig Stavianicek, geb. Hofbauer, stammt aus einer Unternehmerfamilie, die sich u. a. dem Fischhandel widmet, ein Bezug zur gleichnamigen »Schokoladenfamilie« ist nicht bekannt. Die Charakterisierung »edelherb« könnte trotzdem stimmen.

Seite 38 In den Tonhof zieht Bernhard laut Lampersberg »mit einem Rucksack, mit Schuhputzzeug und allem«, nicht mit einem Ohrensessel. Vgl. Maria Fialik, *Der Charismatiker. Thomas Bernhard und die Freunde von einst*, S. 52.

Seite 39 Lampersberg: »In dem Ohrensessel, da ist er nur einmal gesessen.« (Ebd., S. 67)

Seite 46 »unkompliziertesten Autors« ist eine Verkürzung. Das genaue Zitat lautet: »Ich war sicher einer der unkompliziertesten Autoren, die Sie jemals gehabt haben.«, Thomas Bernhard an Siegfried Unseld am 25. November 1988 in: Bernhard/Unseld, *Der Briefwechsel*, Brief 524, S. 806.

Seite 48 Hat sich so nicht zugetragen, entspringt einer Vision Bernhards, die er in seiner Enttäuschung über schlechte Verkaufszahlen seinem Verleger brieflich übermittelt: »Dass ein so grosser und guter Verlag wie der Ihre ... selbst wenn ich ganz alleine mit meinem Rucksack durchs Land ginge, verkaufte ich in vier Wochen sicher mehr.«, in: Bernhard/Unseld, *Der Briefwechsel*, Brief 46, S. 75.

Seite 52 Folterinstrumente und knarzende Geheimtüren sind Spekulation.

Seite 60 Mit Fürst Wirrgestein ist eigentlich Paul Wittgenstein gemeint. Sir Anthony ist kein adeliger Herrenausstatter, sondern ein Bekleidungsgeschäft, in Wien drei Mal zu finden.

Seite 61 Diese Anekdote erzählt Bernhard zwei Mal, in zwei verschiedenen Büchern. Während in *Meine Preise* das Mahl nach der Preisverleihung in der Gösser Bierklinik eingenommen wird, macht es Bernhard im Roman *Wittgensteins Neffe* (in dem dieselbe Geschichte auf etwas andere Weise geschildert ist) zu einem Tafelspitzessen im nobleren Sacher. Die Wahrscheinlichkeit, hier den richtigen Ort abgebildet zu haben, beträgt also 50% (oder weniger).

Seite 64 Affe: Quelle unklar.

Seite 68 Das Geschehen auf dieser Seite ist nicht belegt.

Seite 69 Eine Verwechslung. Bernhard wurde der Bambi gar nicht angeboten. Marcel Reich-Ranicki nahm den Bambi 1989 an, lehnte aber den Deutschen Fernsehpreis 2008 ab. Bei der Preisverleihung sagte er: »Ich gehöre nicht in diese Reihe. Ich finde es schlimm, dass ich das hier heute Abend erleben musste.«
Der Ausspruch »Ehre ist sowieso ein Blödsinn« aber stammt von Thomas Bernhard.

Seite 72 Das Stück wurde mit lebenden Menschen aufgeführt.
Die Vorstellung, nur Fleischklumpen auf die Bühne zu legen, entwickelt Bernhard erst in einem späteren Interview, umgesetzt wurde es nicht. »Ich möcht' redende Fleischklumpen ...«, in: *»Sind Sie gern böse?« Interview von Peter Hamm* (1977), Werke 22.2, S. 127.
Die Kritikerstimme »Mal was Neues« war so in keiner Zeitung zu finden.

Seite 81 »Es ist alles sehr kompliziert« ist eine grobe Vereinfachung und steht zudem in einem anderen Kontext. Sinowatz' Äußerung im Wortlaut – »Ich weiß schon, meine Damen und Herren, das alles ist sehr kompliziert, so wie diese Welt, in der wir leben und handeln, und die Gesellschaft, in der wir uns entfalten wollen« – ist ein Zitat aus der Regierungserklärung am 31. Mai 1983, vgl. Stenographisches zur 2. Sitzung des Nationalrats der Republik Österreich.

Seite 82 Siehe Seite 72.

Seite 86 »Für mich wäre interessant …«, in: *»Ich könnte auf dem Papier jemand umbringen«. Interview von Hellmuth Karasek und Erich Böhme* (Der Spiegel, 23. Juni 1980), Werke 22.2, S. 173.
Diese Überlegung wurde nicht im österreichischen Fernsehen ausgestrahlt.

Seite 89 Das Kabarettsolo »Totalität des Ernstes« kam nie zur Aufführung.

Seite 92 Die »schicke Scheiße« bezog Peymann eigentlich auf die Salzburger Festspiele.

Seite 93 Die Qualität der Leberknödelsuppe und der genaue Wortlaut von Peymanns Begeisterung sind nicht bekannt.

»Der Wald ist groß, die Finsternis auch.
Manchmal ist halt so ein Käuzchen drin,
das keine Ruh' gibt.

Mehr bin ich nicht.
Mehr verlang' ich auch
gar nicht zu sein.«

LITERATUR- UND COPYRIGHTANGABEN

Thomas Bernhard, *Werke in 22 Bänden*. Hg. von Martin Huber und Wendelin-Schmidt-Dengler. Frankfurt/M. und Berlin: Suhrkamp Verlag 2003 ff.

© *Die Ursache, Der Keller, Der Atem, die Kälte, Ein Kind*: Residenz-Verlag Salzburg 1975, 1976, 1978, 1981 und 1982.

© *Drei Tage*. Fernsehmonolog, aufgezeichnet von Ferry Radax (WDR 1970). Zuerst abgedruckt in: *Der Italiener* © Residenz-Verlag Salzburg und Wien 1971.

Thomas Bernhard/Siegfried Unseld, *Der Briefwechsel*. Hg. von Raimund Fellinger, Martin Huber und Julia Ketterer. Berlin: Suhrkamp Verlag 2011.

Rudolf Brändle, *Zeugenfreundschaft. Erinnerungen an Thomas Bernhard*. Frankfurt/M.: Suhrkamp 2001. Lizenzausgabe mit freundlicher Genehmigung des Residenz-Verlags. © Residenz-Verlag Salzburg und Wien 1999.

Raimund Fellinger, »›Antworten sind immer falsch‹. Thomas Bernhard gibt Thomas Bernhard«, in: Begleitheft zur DVD-Edition: Thomas Bernhard, *Eine Herausforderung: Monologe auf Mallorca* und *Ein Widerspruch: Die Ursache bin ich selbst*. Gespräche mit Krista Fleischmann. filmedition suhrkamp. Frankfurt/M.: 2008, S. 4-37.

Maria Fialik, *Der Charismatiker. Thomas Bernhard und die Freunde von einst*. Wien: Löcker Verlag 1992.

Krista Fleischmann (Hg.), *Thomas Bernhard – Eine Erinnerung. Interviews zur Person*, Wien: Edition S. 1992.

Karl Ignaz Hennetmair, *Ein Jahr mit Thomas Bernhard. Das versiegelte Tagebuch*. Salzburg: Residenz Verlag 2000.

Kurt Hofmann, *Aus Gesprächen mit Thomas Bernhard*. Wien: Löcker Verlag 1988.

Hans Höller, *Thomas Bernhard*. Reinbek bei Hamburg: Rowohlt 1993.

Gitta Honegger, *Thomas Bernhard. »Was ist das für ein Narr?«*, München: Propyläen Verlag 2003.

Manfred Mittermayer, *Thomas Bernhard. Eine Biografie*. Salzburg: Residenz Verlag 2015.

Alfred Pfabigan, *Thomas Bernhard. Ein österreichisches Weltexperiment*. Wien: Zsolnay 1999.

Marcel Reich-Ranicki, *Thomas Bernhard. Aufsätze und Reden*. Frankfurt/M.: Fischer Taschenbuch Verlag 1993.

Thomas Bernhard und seine Lebensmenschen. Der Nachlaß. Hg. von Martin Huber, Manfred Mittermayer und Peter Karlhuber. Frankfurt/M.: Suhrkamp 2002.

Was reden die Leute. 58 Begegnungen mit Thomas Bernhard. Aufgezeichnet von Sepp Dreissinger. Salzburg und Wien: Müry Salzmann 2011.

*»Nachher, wenn man's erreicht hat, sieht man eh,
daß es eigentlich nix ist ...
Es ist ja letzten Endes alles nix.«*

Gewidmet Raimund Fellinger,
dem Initiator dieses Buches und
Bernhards langjährigem Lektor.